Hilos

En la actualidad la industria textil ha avanzado tanto y ha creado tantos modelos de hilos que siempre conviene asesorarse sobre el que necesitemos para cada tarea. Si bien hay algunos hilos que son básicos en el costurero (blancos, oscuros, finos o gruesos), la realización de prendas más delicadas exigirá hilos de mejor calidad.

Mesa de costura

Como toda tarea que una realice en el hogar, para costura necesitamos un espacio para llevarla a cabo. Si no disponemos de una mesa de madera para esto, es aconsejable colocar una tabla sobre el lugar en el cual vayamos a trabajar para proteger los muebles. Recordemos que en muchas ocasiones nos resultará cómodo, mientras marcamos telas y cortamos, clavar alfileres sobre la superficie de trabajo.

Plancha

Aunque no parezca necesario, la plancha es esencial para que la realización de costuras sea exitosa. A lo largo de este practicurso vamos a aprender cómo se emplea para esta labor.

Tijeras para tela y papel

Se necesitan, al menos, dos de ellas. Una pequeña para cortar los moldes, los hilos y emparejar las costuras y los bordes deshilachados. La otra debe ser grande y recta, en perfectas condiciones y bien afilada para cortar telas adecuadamente.

Lápiz

Para tomar anotaciones, modificar moldes y marcar telas para cortar.

Telas

Junto a todos los utensilios descritos, las telas son el otro componente fundamental de la costura. En el siguiente capítulo nos explayaremos sobre ellas.

Regla plana, regla curva y escuadra

Si bien no las vamos a necesitar para las labores elementales de costura, cuando avancemos en la realización de prendas serán esenciales para marcar las telas correctamente.

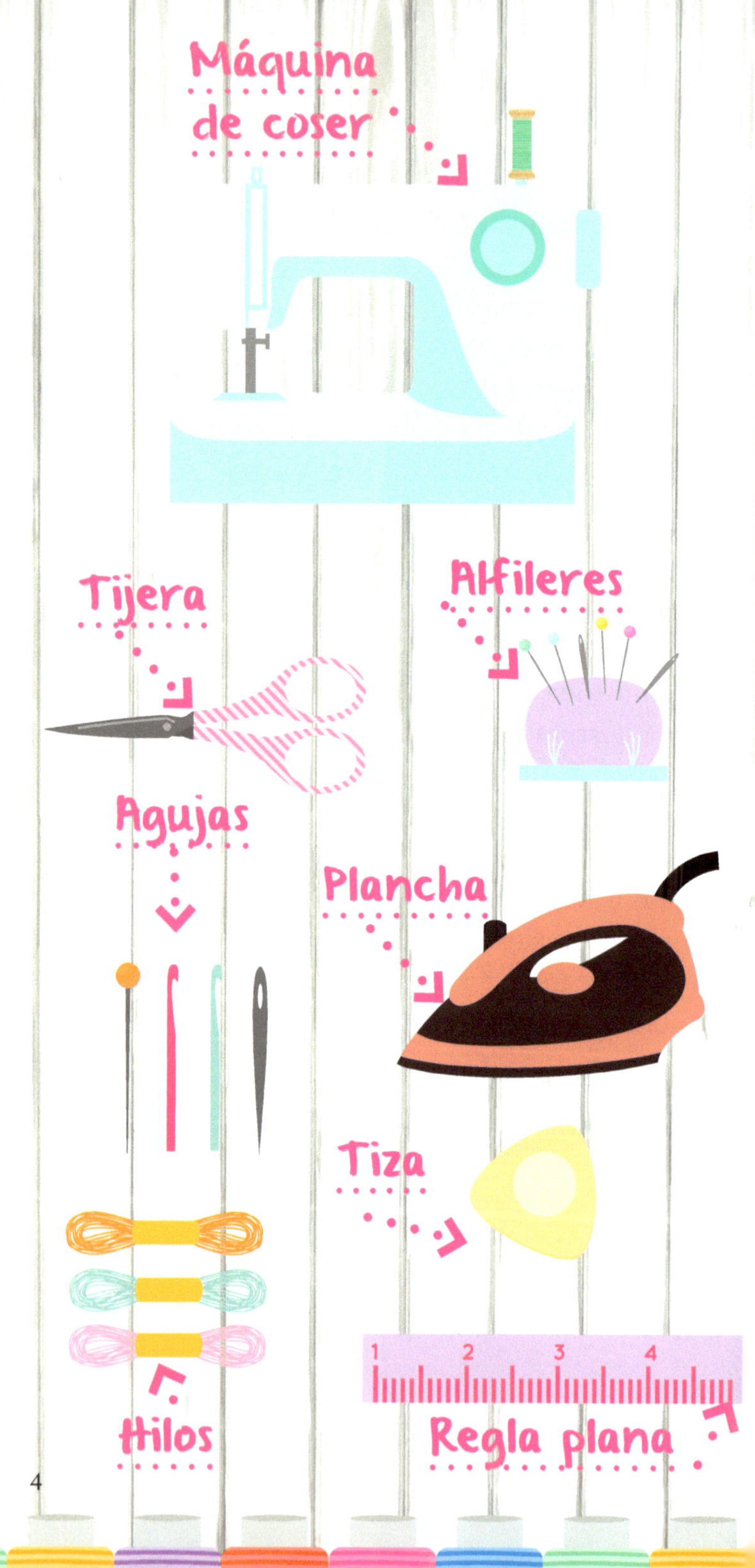

Máquina de coser en buenas condiciones

A medida que vayamos dando pasos y nos convirtamos en expertas costureras, la máquina de coser nos permitirá agilizar el trabajo en las prendas pequeñas y, al mismo tiempo, nos abrirá el camino para trabajar en ropas más grandes. Es posible que las máquinas grandes y modernas tengan un costo muy elevado, pero para iniciarnos en la costura a máquina no se necesitan grandes maquinarias. En muchos casos nos podemos arreglar con algún modelo usado adquirido en comercios de segunda selección o refaccionando aquella máquina antigua que nuestra madre o abuela dejó olvidada en el sótano.

Papel de molde

Para trasladar los moldes que se marcarán en las telas.

Tiza de sastre

Se emplean para hacer las marcas de los dobladillos o para señalar dónde vamos a cortar una falda o abrir un ojal. Es necesario tener dos de ellas: una blanca o clara para telas oscuras y una azul o negra para marcar telas claras.

Centímetro

Se fabrican en materiales plásticos y resistentes. Generalmente se presentan de 150 a 200 centímetros. Es básico para tomar las medidas correctamente. Hay que reemplazarlo cuando se deteriora porque puede sufrir un estiramiento que altere las medidas.

Términos para tener en cuenta

- **Sisa:** es el corte curvo delantero y trasero que se hace desde la axila hasta el hombro.
- **Tiro:** es la medida que pasa por la entrepierna de una prenda y va desde la cintura delantera hasta la trasera.
- **Orillo:** margen de la tela.
- **Pestaña:** es el borde de tela que oculta, por ejemplo, un cierre.
- **Alforza:** se llama así a los pliegues que se realizan en una prenda, por ejemplo, una pinza.
- **Ruedo:** dobladillo.

¿Cómo coser a mano?

¡¡¡Para principiantes!!!

Para impedir que el hilo se salga al coser, es conveniente hacer un nudo al comienzo. Los pasos son muy simples y mecánicos, pero nunca está de más recordarlos: enrollar el hilo alrededor del dedo (1), deslizar el índice sobre el pulgar para que el hilo se enrolle sobre sí mismo formando un círculo (2) y estirar el mismo para ajustar el nudo (3).

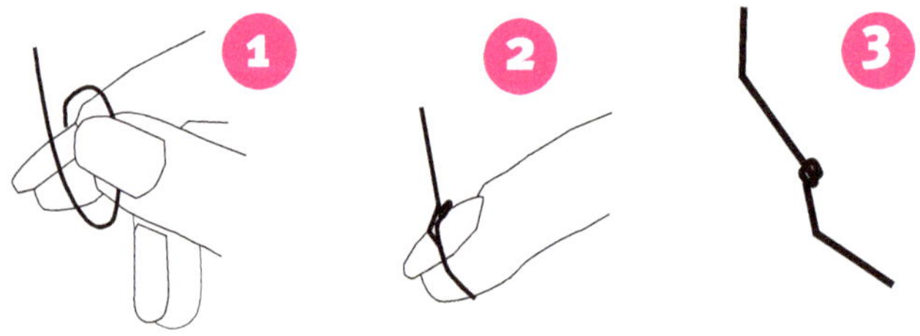

Hilván

Es una guía que se necesita para poder unir las piezas cortadas y así ir dándole forma a la prenda.

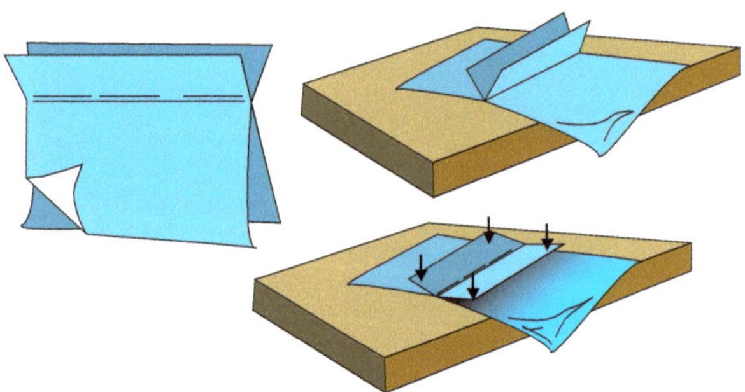

Clases de hilvanes

Hilván corto

Son puntadas no muy largas que se realizan para unir una pieza con otra y poder coserlas a máquina sin ninguna dificultad.

Hilván largo

Es un hilván en que es largo el hilo pero el espacio de la puntada es corto. Se utiliza generalmente para marcar la línea por donde deben hacerse las costuras posteriores a la rectificación.

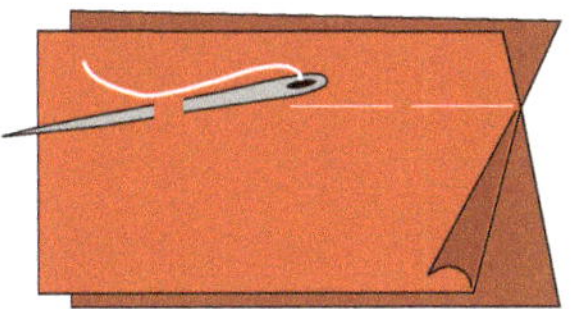

Hilván sastre o punto flojo

Se utiliza en sastrería para marcar la prenda; al abrirse el punto flojo, esta queda marcada por ambos lados.

Los hilvanes deben hacerse con colores opuestos a la tela que se va a trabajar, el hilo debe cortarse no muy largo y la aguja debe ser de tamaño mediano.

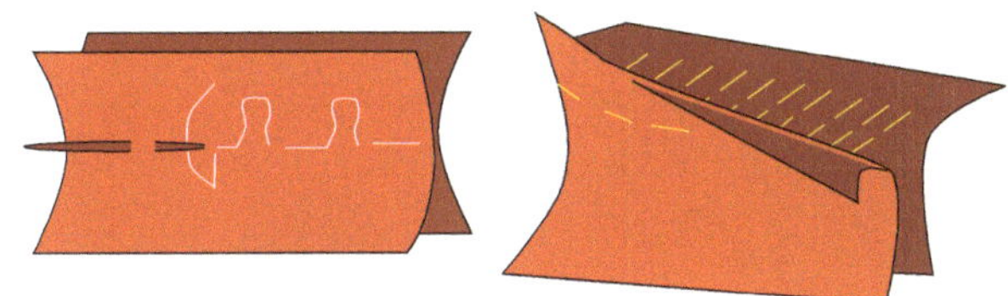

Bastilla

Son puntadas iguales, pequeñas, que se realizan de derecha a izquierda. El hilo se usa doble con una aguja mediana, por eso es posible, una vez terminada la costura, tirar del mismo y fruncir ligeramente la tela.

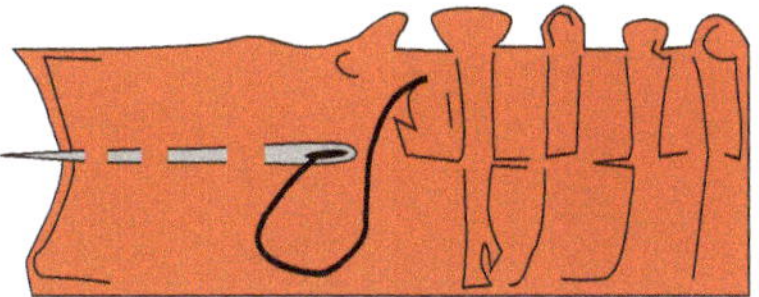

Punto guante o escondido

Se usa para dobladillos y terminaciones. Se realiza de derecha a izquierda picando apenas la aguja en la tela inferior, luego hacia arriba en el doblez se vuelve a picar la aguja y así hasta terminar. Debe quedar por dentro del doblez, escondido, como indica su nombre. Se emplea el hilo simple y una aguja mediana.

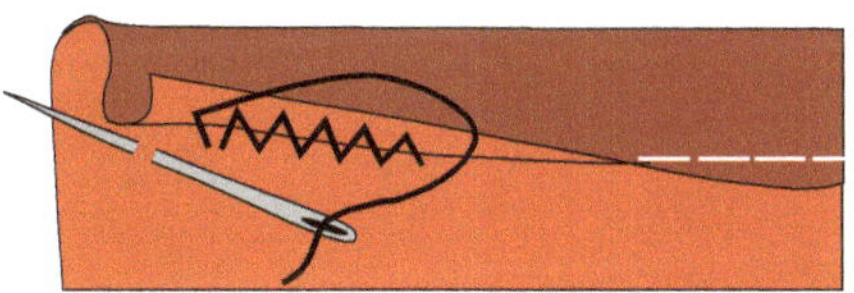

Surfilado

También llamado sobrehilado. Se realiza para evitar que las telas se deshilachen. Una vez terminada la prenda y planchadas las costuras abiertas se realiza sobre cada una de ellas. Con hilo simple, de izquierda a derecha, la aguja se pasa de atrás hacia delante envolviendo la tela con la hebra de hilo. Las puntadas deben ser pequeñas, parejas y relativamente flojas.

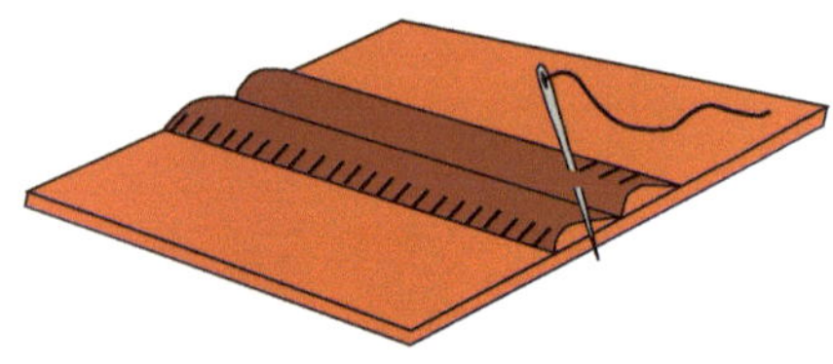

Punto pata de gallo o escapulario

Se realiza de izquierda a derecha. La aguja, con hilo simple, debe pasarse hacia arriba y hacia abajo de modo tal que las puntadas queden cruzadas.

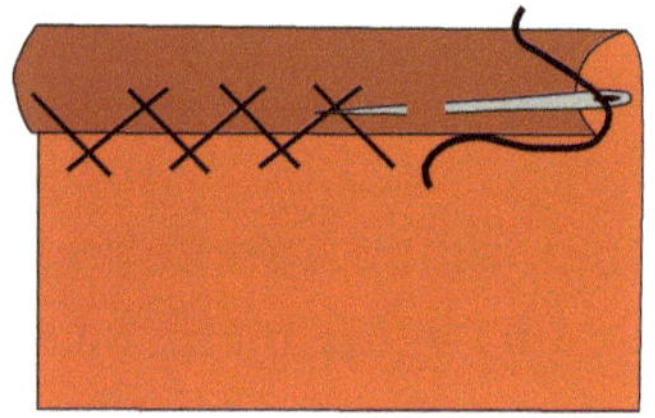

Pespunte

Se usa en el exterior de las prendas para asentar y resaltar bordes de cuellos, puños, tirillas de ojales, recortes. De derecha a izquierda las puntadas deben ser seguidas e iguales. Debe hacerse con suma prolijidad.

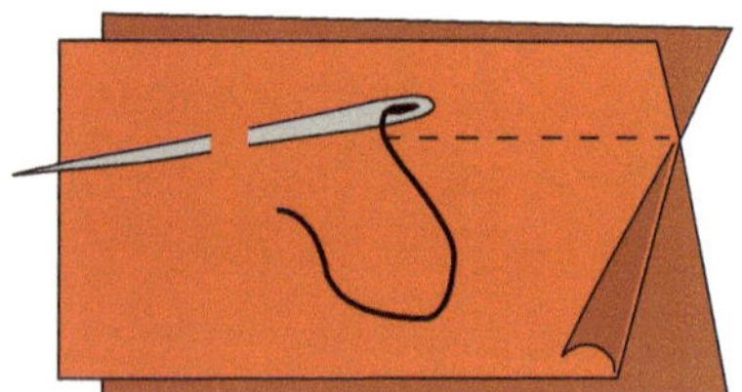

Punto de hilado dobladillo

Es otro punto utilizado para dobladillos. Se realiza de izquierda a derecha con puntadas pequeñas, hilo simple, aguja mediana. La aguja entra por arriba y sale por abajo. Más adelante explicaremos en detalle la realización de dobladillos.

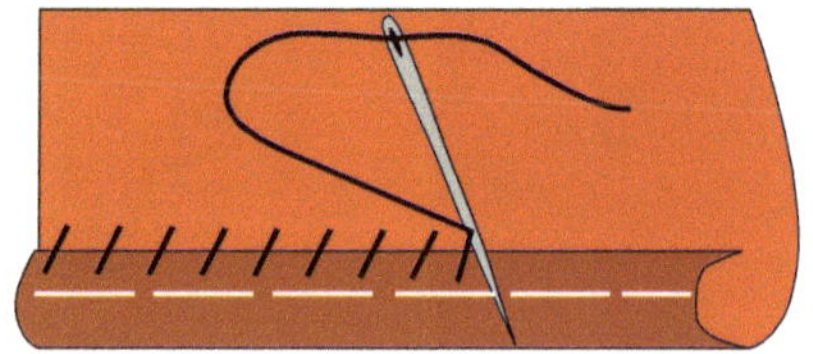

Otros puntos empleados en costura

Embaste diagonal

Este punto se utiliza para unir dos telas antes de planchar. Se procede asegurando el hilo con un punto atrás y pasando una serie de puntadas de ángulo recto con el borde de la tela, a distancias iguales. Las puntadas quedarán en diagonal por un lado y rectas por el otro.

Punto hueco

Se emplea en aquellos dobladillos en los cuales el canto está gastado pero no necesariamente remetido hacia adentro. Se pasa un hilván a

5 milímetros del borde y se levanta este hacia arriba a lo largo del hilván. Se realiza una pequeña puntada a través del borde del dobladillo y se toman uno o dos hilos de la tela inferior. Se prosigue a lo largo del borde con puntadas flojas.

Punto de festón

Es un punto que se realiza con una finalidad decorativa. Se trabaja de izquierda a derecha con el borde hacia quien cose, pinchando la aguja en la tela a 5 milímetros del mismo. Luego se pasa el hilo hacia adelante, volviendo a pincharla en el mismo lugar. Para continuar, se pasa el hilo hacia adelante y se clava la aguja medio centímetro más adelante. Finalmente, dejando la atadura bajo la aguja, tirar el hilo de modo que el nudo quede en el borde.

Algunas costuras para máquina

Costura de refuerzo

Se emplea para evitar que los cantos, en especial los curvos, se deshilachen antes de coser a máquina. Se realiza por afuera del hilván de prueba en la dirección del hilo.

La costura de refuerzo para sujetar dobleces se pasa a 3 milímetros de la línea del pespunte antes de volver la pestaña del revés.

Costura abierta pespunteada

Es una costura con fines decorativos que se logra abriendo los bordes de la costura normal y pasando pespuntes a cada lado de la misma y a igual distancia. El pespunte puede pasarse a mano o a máquina.

Punto en zig-zag

Es un punto exclusivo de máquina que sirve para mejorar los bordes y también para decoración. Hay que comprobar la longitud y la amplitud del punto en un trozo de tela vieja. Y, al coser, mantener el punto recto al finalizar bordes situando el margen del tejido en el centro del prensatelas de la máquina.

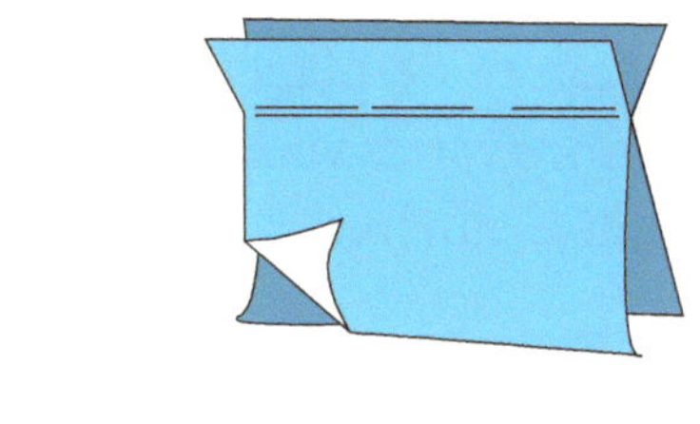

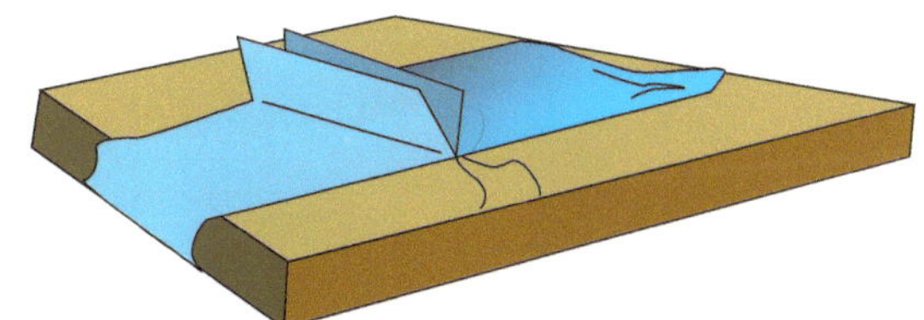

¿Cómo hacer dobladillos?

Dobladillos clásicos

Cuando el tipo de tela lo permita el mejor sistema para marcar un dobladillo es ayudarnos con la plancha. El procedimiento es muy simple: marcamos la tela, realizamos el pliegue, colocamos la prenda sobre la tabla de planchar y, con una temperatura de planchado indicada para esa tela, pasamos varias veces por el mismo lugar para asegurar esa marca.

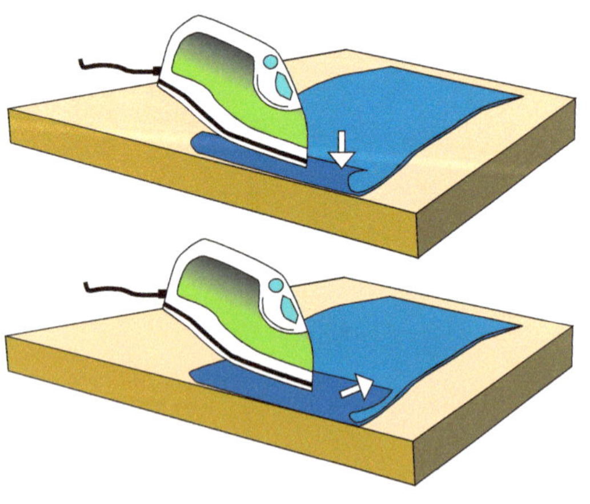

Dobladillos curvos

En algunas ocasiones, la realización de distintas prendas culmina con un borde curvo o con un frunce. En esos casos hay que tomar otros recaudos. Para ello debemos eliminar con una tijera pequeña todos los pequeños hilos que queden colgando del borde de la tela y realizar un sobrehilado.

Como vemos en las ilustraciones, hay que doblar la tela e hilvanar a un centímetro haciendo un pequeño frunce. Seguidamente, se pasa la plancha –se puede ubicar entre la prenda y la misma un paño de algodón húmedo– y el calor encogerá la tela haciendo desaparecer el frunce.

Si en cambio disponemos de poco tiempo, no podemos realizar el dobladillo correctamente y necesitamos acortar una falda en pocos minutos se puede usar un sistema similar, pero sin recurrir al hilo. Primero, doblamos la tela y pasamos la plancha varias veces presionando de adelante hacia atrás y haciendo fuerza hacia abajo. Luego, realizamos un segundo pliegue en la tela y volvemos a planchar de la misma manera como muestran las ilustraciones. Para finalizar y sujetar este dobladillo rápido, colocamos alfileres por el lado interno de la prenda sujentando los dos pliegues.

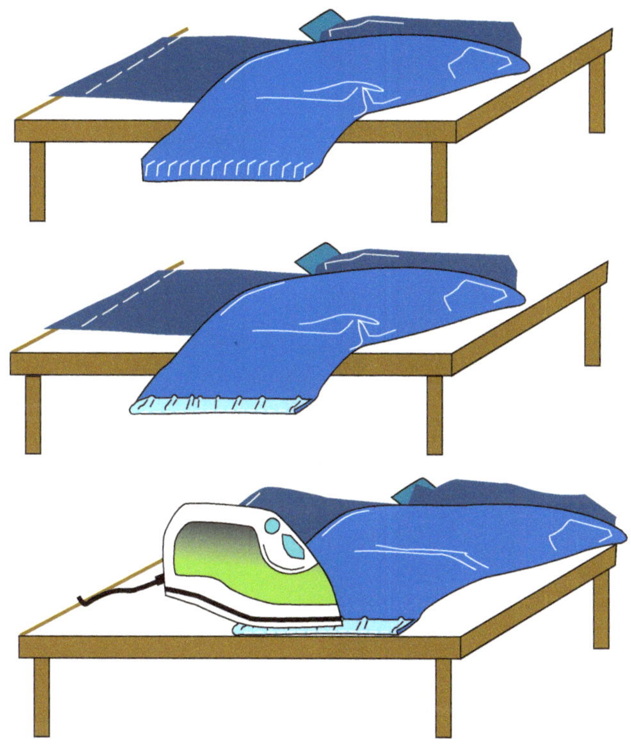

Recomendaciones útiles

para hacer dobladillos

Hay que tener mucho cuidado con la temperatura de la plancha. Hay telas que son muy delicadas. Antes de utilizar la plancha para marcar los dobladillos, debemos asesorarnos sobre la máxima temperatura que resiste la tela.

Si la tela lo requiriese, podemos hacer otro doblez, un poco mayor para ocultar mejor el borde de la tela.

Si la tela no se marca con el paso de la plancha, podemos utilizar un paño de algodón húmedo y colocarlo entre la tela a marcar y la plancha.

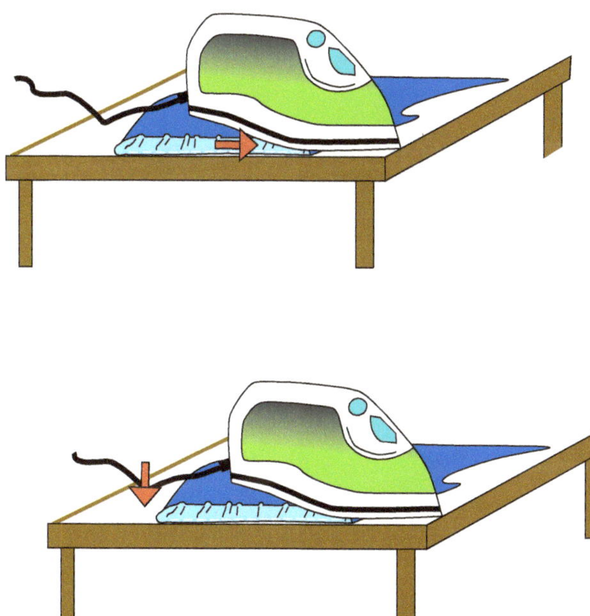

Las pinzas y los cierres

Las pinzas

Son costuras terminadas en punta, a modo de flechas. Deben hacerse de modo que resulten de un declive gradual, porque si se hacen demasiado pronunciadas formarán bultos que deforman la prenda. Si hay que embeber mucha cantidad de tela es preferible hacer dos o más pinzas para una terminación más elegante.

En los moldes comerciales, suelen venir marcadas con pequeñas líneas de puntos. Una vez marcadas sobre la tela se doblan por la mitad, a lo largo, haciendo coincidir las marcas. Para hilvanar o coser se comienza siempre desde la parte ancha hacia la punta. De esta forma se logra una buena terminación.

Hay diferentes tipos de pinzas según la prenda. Veamos cuáles son:

Pinzas para cadera, hombro o sisas

Las llamadas pinzas de cadera nacen en la cintura para terminar en la parte más saliente de la cadera. Alcanzan un largo aproximado de 15 cm. Las de hombro y de sisa contribuyen a dar forma al busto; la segunda es siempre más pequeña que la primera.

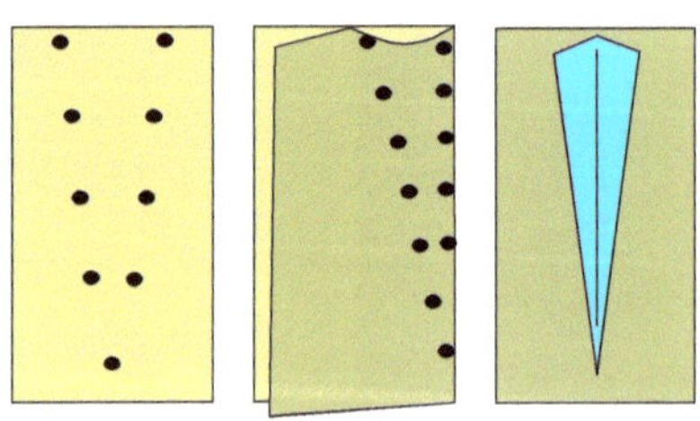

Pinzas de entalle

Se emplean para entallar vestidos que no llevan costura en la cintura. Comienzan unos 10 cm arriba de la cintura, sobre la cual alcanzan su ancho máximo y terminan unos 10 cm por debajo de ellas. Varían de longitud y profundidad de acuerdo con la silueta para la que se confecciona la prenda.

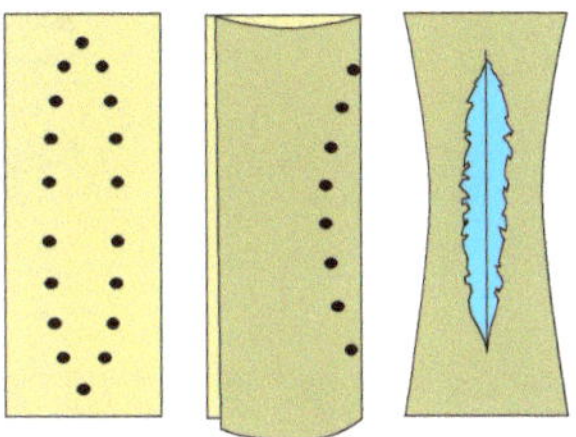

Pinzas en la cintura

Se usan para dar amplitud al busto, disminuyendo la tela hacia la cintura. Generalmente se hacen dos pinzas para cada media delantera.

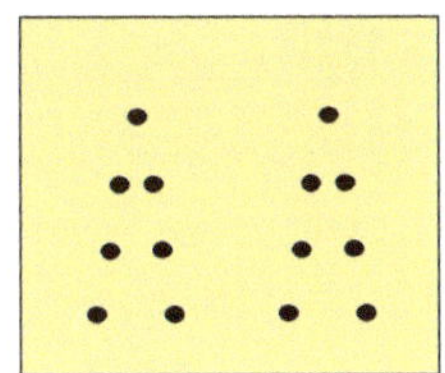

Pinzas en las mangas

Se utilizan para dar amplitud al codo o para adaptar la manga al puño. Las primeras deben ser muy pequeñas; pueden hacerse en grupos de tres o más pinzas. Cuando se desee adaptar la manga al puño, deben hacerse pinzas más bien largas y no muy profundas para evitar defectos

de terminación. En todas las pinzas puede optarse por abrir las costuras y surfilarlas o coserlas hacia un lado.

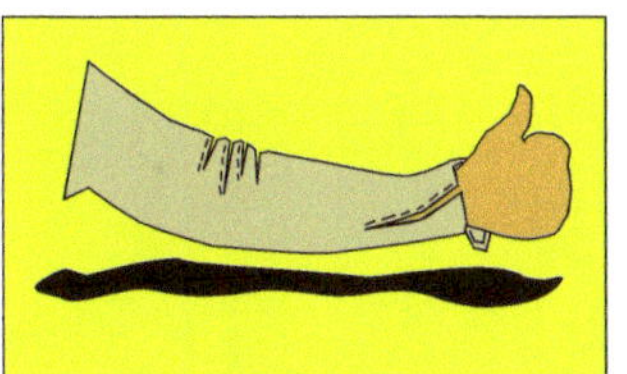

Los cierres

Pueden ser cerrados o desmontables y pueden aplicarse de manera visible, o bien, ocultos en una costura.

Cierres cerrados

Los cierres largos y que no se abren en su extremo inferior se hilvanan sobre una costura y se aplican pespunteando primero un lado (con el cierre abierto), y luego el otro lado, teniendo la precaución de aflojar un poco la tela al coserlo para que no quede tirante. Dentro de los cerrados podemos distinguir los cierres con pestaña y los cierres con cartera.

• **Con pestaña:** se debe doblar el borde al cual se coserá el cierre y sostener con alfileres. Se hilvana uno de los bordes a medio centímetro y el otro a uno. Luego se plancha para marcar bien y se ubica el cierre por debajo de la abertura. Para continuar, cerramos el cierre y colocamos el otro lado de la abertura, la cual hilvanamos tomando como referencia el hilván anterior. Finalmente, con el cierre abierto, cosemos con pespunte a máquina.

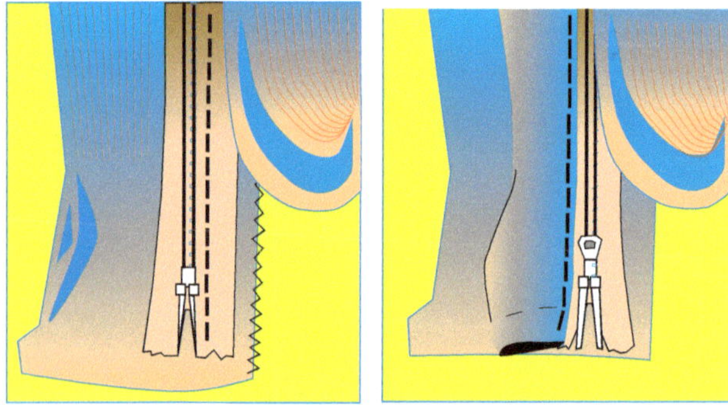

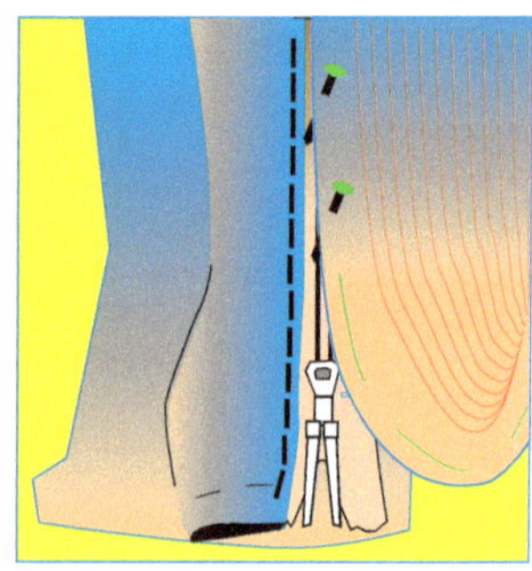

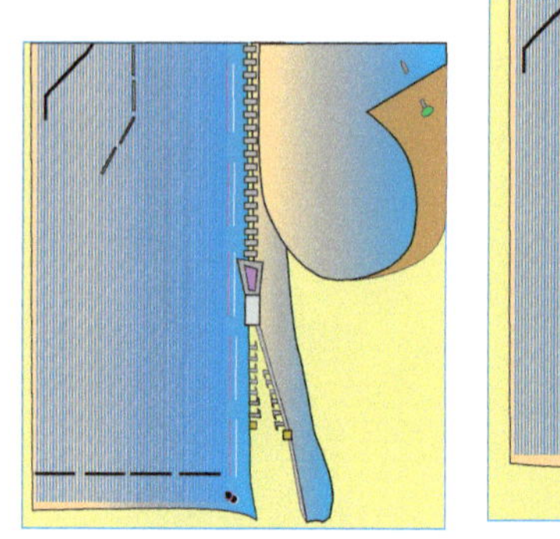

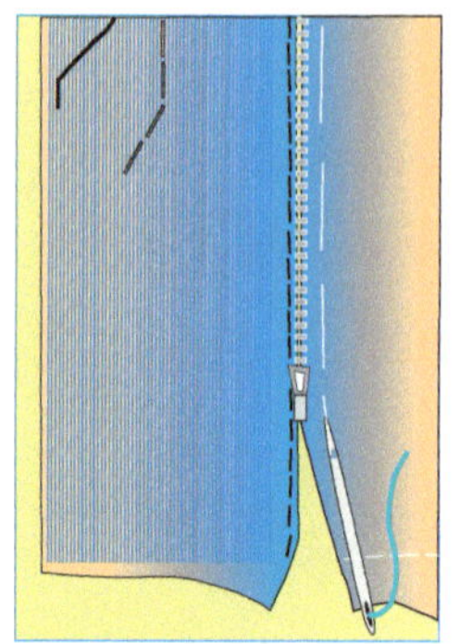

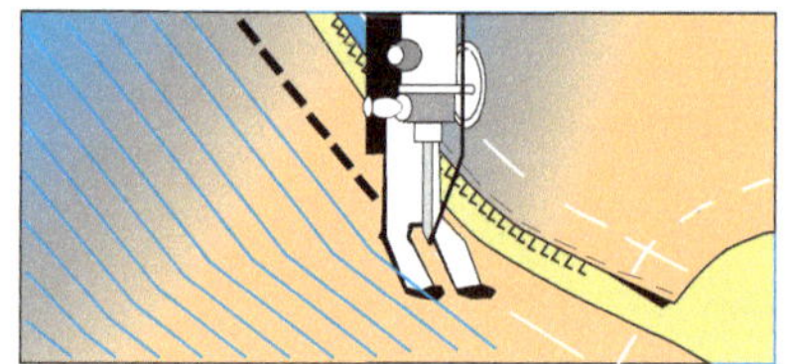

• **Con cartera:** se debe colocar el cierre cerrado un centímetro por debajo de la cintura en el borde donde se ubica la cartera. Luego hay que hilvanar para sujetar. Hay que doblar la cartera y coserla por debajo del cierre ya cosido. Luego se lleva a la máquina y se cose con pespunte. Finalmente se coloca el otro lado de la abertura sobre el cierre sujetando con alfileres. Se practica un hilván y se realiza un doble pespunte para terminar.

Cierres desmontables

Son distintos a los anteriores. Para colocarlo empezamos por hilvanar las dos partes de la prenda como si fuéramos a coserlas y planchamos abierta esa costura. Sobre el revés de la costura y con la corredera contra la tela, prendemos con alfileres el cierre. El mismo debe quedar exactamente sobre la prenda hilvanada.

Luego hilvanamos toda la cinta del cierre, asegurando bien los extremos inferiores. Damos vuelta la prenda del derecho y pasamos un pespunte a todo lo largo, a ambos lados del cierre procurando que la costura quede a medio centímetro de distancia de la parte metálica. Puede pasarse un segundo pespunte a corta distancia del primero para que resulte más fuerte.

Un dúo inseparable: ojales y botones

Los ojales y botones, además de cerrar correctamente una prenda, en la mayoría de las ocasiones la embellecen. Y como todo adorno debe ser realizado con la mayor prolijidad posible para una elegante terminación de nuestro trabajo.

Los ojales

Existen varios tipos de ojales.

- de presillas
- redondos
- militares

Aquí vamos a explicar el modelo más simple de realizar.

- Marcar la tela a una distancia equidistante con alfileres colocados en forma horizontal.
- Hacer un hilván donde se colocó cada alfiler y retirarlos.

- Hacer alrededor de ese hilván otro más grande enmarcando el anterior.
- Cortar con una tijera pequeña y afilada por donde se hizo el primer hilván.

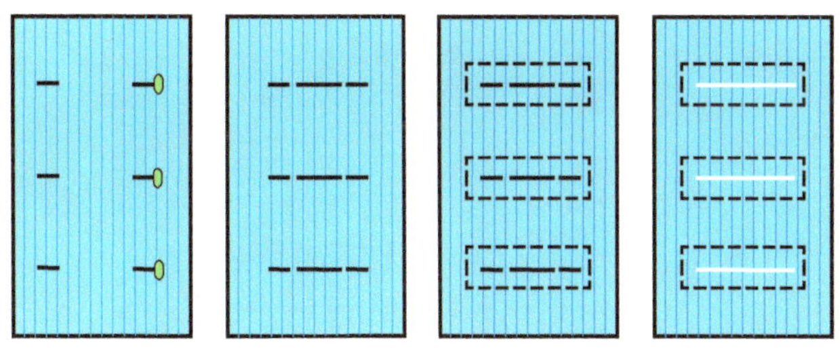

Con la aguja enhebrada con hilo simple empezar por el extremo derecho y hacer un par de puntadas para reforzarlo.

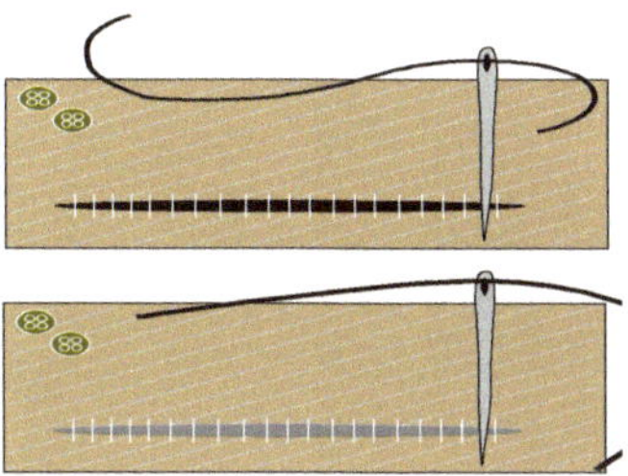

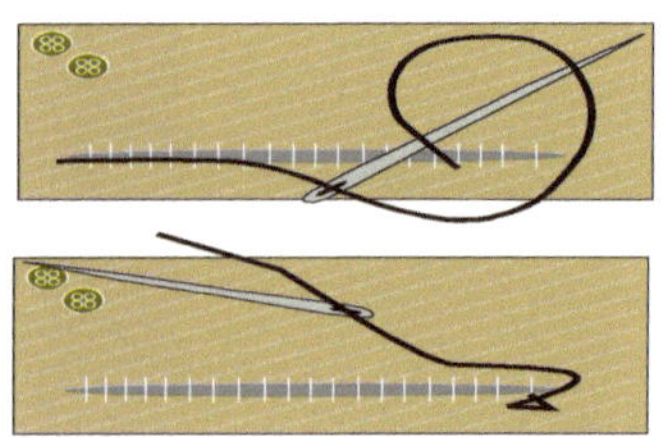

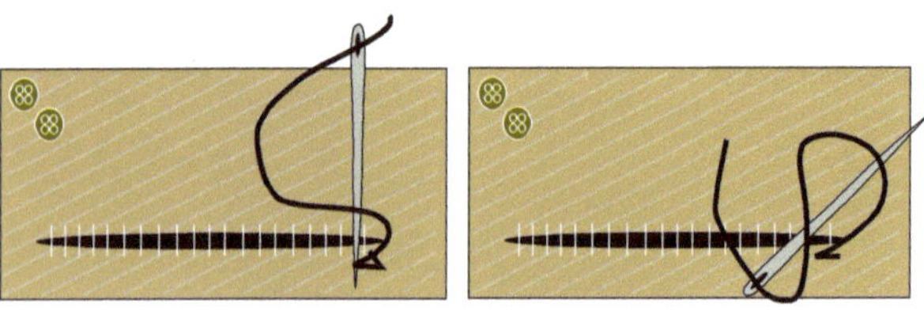

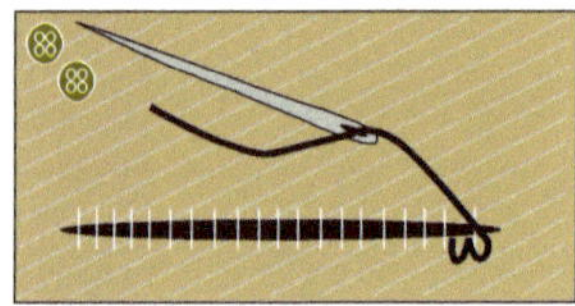

Se continúa en punto festón por la parte baja y siempre de derecha a izquierda rodeando todo el borde con puntadas parejas y continuas.

Finalmente, una vez dada toda la vuelta, reforzar el final con 2 o 3 puntadas paralelas.

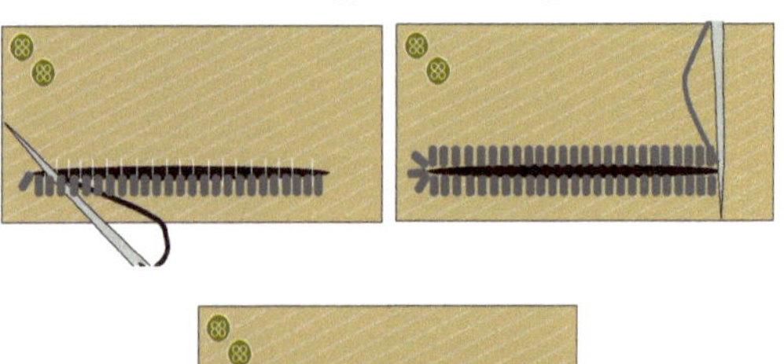

Los botones

Existen dos grandes grupos: con agujeros centrales y con pie.

Con agujeros centrales

Se usan para camisas, trajes, vestidos y se cosen pasando la aguja de arriba abajo y volviendo atravesando la tela.

Con pie

Se cosen pasando la aguja repetidamente por el pie y atravesando la tela. Deben coserse con un hilo más resistente.

Son utilizados para prendas de alta costura.

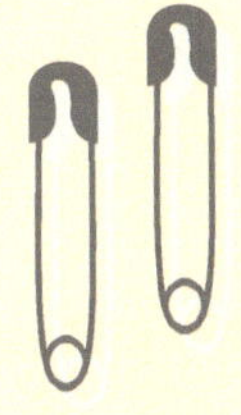

¡A tomar medidas!

Al tomar una medida se utiliza un centímetro y se toman diferentes medidas con las cuales se creará un molde. Esas medidas necesarias para la planificación de una prenda son las siguientes:

Contorno de cuello

Se toma alrededor del mismo por la parte más delgada.

Hombro

Se toma desde la base del cuello hasta donde comienza el brazo.

Ancho de espalda

Se toma desde donde termina el hombro izquierdo hasta donde termina el hombro derecho.

Contorno de busto

Se toma por debajo de las axilas, alrededor del pecho pasando por la parte más prominente del mismo, sin ajustar.

Alto de busto

Se toma desde la unión que forman el escote y hombro del delantero hasta la parte más saliente del busto.

Contorno de cintura

Se pasa el centímetro alrededor de la cintura, entallando pero no ajustando.

Contorno de caderas

Se toma alrededor de la cadera pasando por la parte más saliente entallando sin ajustar.

Talle delantero

Se toma desde la unión que forma el escote del delantero y el hombro, pasando por la parte más saliente del busto, hasta llegar a la cintura.

Talle espalda

Se toma de espaldas desde el hombro, junto al cuello, hasta la cintura.

Largo de manga

Se toma desde donde termina el hombro pasando por el codo doblado hasta llegar a la muñeca si es manga larga o hasta el largo que se desee si es manga corta.

Largo de falda

Se toma desde la cintura hasta el largo que se desee.

Puño

Se toma pasando el centímetro por el contorno de la muñeca si es manga larga o del brazo si es manga corta.

Esta tabla nos permite guiarnos, según el talle de la mujer, sobre las respectivas medidas. Es muy útil para modificar los moldes comerciales.

	38	40	42	44	46	48	50
Contorno de busto	80	84	88	92	96	100	105
Contorno de cintura	60	62	64	68	72	76	80
Contorno de cadera	82	86	90	96	100	105	110
Largo talle delantero	40	41	42	43	45	46	48
Largo talle espalda	38	39	40	41	42	43	44
Altura de busto	23	24	25	26	27	28	29
Ancho de espalda	33	35	36	37	38	39	41
Ancho de tórax	30	32	34	35	36	38	40
Ancho de hombros	11.5	12	12.5	13	13.5	14	14.5
Cuello	33	34	35	36	37	39	40
Largo de manga	57	58	58	59	59	60	61
Tiro	54	56.5	58	59.5	61	62.5	64
Puño	21	22	22	23	23	24	25
Altura de cadera	21	23	24	24	25	26	26

Las ventajas de la máquina de coser

La costura a máquina agiliza y simplifica nuestra labor. También permite regular la puntada, cambiar la aguja y el hilo cada vez que sea necesario, de acuerdo con el tipo de tela que estemos utilizando.

Antes de comenzar hay que comprobar su velocidad para llegar a hacer una costura uniforme. Nunca hay que coser "a saltos", es decir, no nos debemos apresurar en un momento para detenernos luego ya que de ese modo la costura no quedará pareja. Hay que encontrar un ritmo y seguirlo.

Antes de comenzar hay que controlar:

- Si el hilo es el adecuado para el tipo de tela y aguja que estamos usando.
- Si las tensiones no están muy ajustadas.
- Si la aguja está correctamente colocada.
- Si el largo de la puntada es el apropiado para la tela y el trabajo que se va a hacer.

También es necesario familiarizarnos con la máquina:

- Una buena opción para ejercitarnos es ensayar en trozos de tela viejos o en desuso. Para lograr coser derecho hay que hacer por lo menos 6 hileras exactamente del mismo largo tratando de que sean bien paralelas. Debemos guiarnos por el pie prensatela para que las mismas resulten paralelas.

- Practicar también ángulos rectos, líneas curvas y distintas direcciones hasta sentirse familiarizadas con la máquina.
- De a poco acostumbrarse al uso de todos los accesorios, haciendo pequeñas muestras en retazos de tela, para que cuando llegue el momento de utilizarlos nos sintamos seguras.

¡A coser!
Vestido de gasa con tablones

MATERIALES

- 1,20 m de muselina a rayas
- Hilo al tono
- Tijera
- Máquina de coser

Medidas ejemplificadoras

Bandó superior:

- contorno de busto superior: ej. 90 cm dividido 2
- contorno espalda bajo el busto: ej. 85 cm dividido 2

Realizamos el molde siguiendo el patrón de la figura 1.

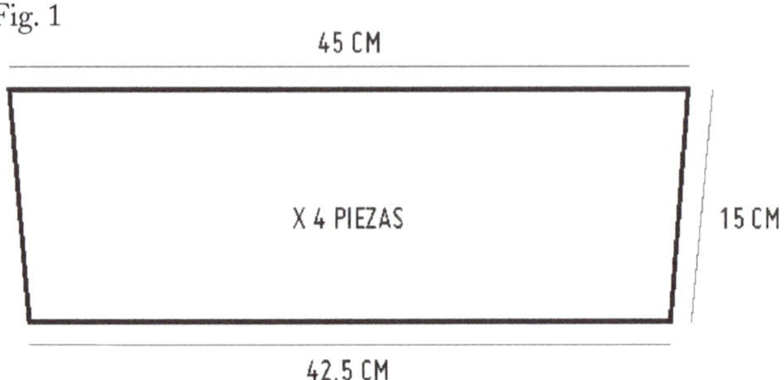

Dos piezas con las rayas en horizontal.

Dos piezas con las rayas en vertical.

Bandó inferior:

Este será recto y más ancho que el superior para dar mayor amplitud.

También cortaremos, como el anterior, dos piezas con las rayas en horizontal y dos piezas con las rayas en vertical (figura 2).

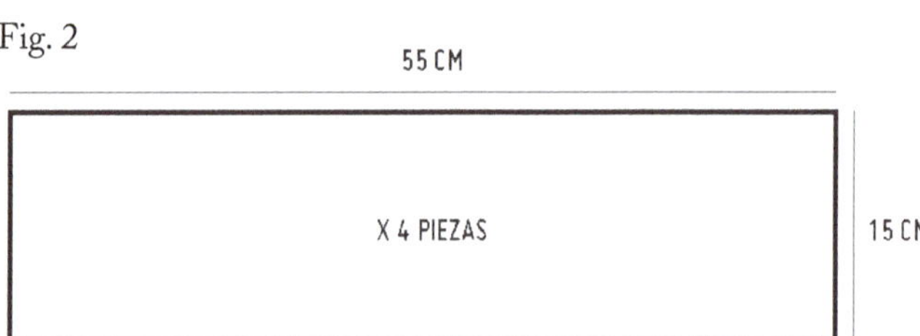

La muselina suele venir de 1,40 m de ancho, a la cual le habremos quitado 30 cm para cortar las piezas de los bandó, de modo que, utilizando todo el ancho que nos resta de la tela, comenzamos a realizar los tablones encontrados ayudándonos con plancha e hilván para su marcado.

Previo a esto, cortaremos la pieza delantera y trasera con el largo deseado. Realizaremos el delantero y trasero de la misma manera como lo indica la figura 3.

Fig. 3

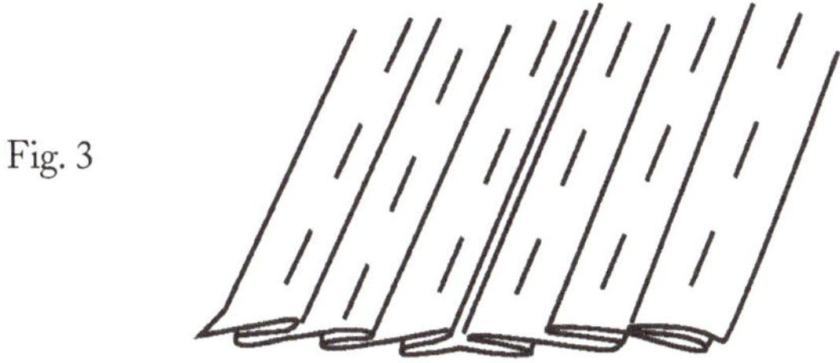

En la parte superior, haremos tantos tablones como sea necesario hasta llegar a la medida del lado inferior del bandó superior, la cual recordemos tendrá la medida del contorno de espalda por debajo del busto.

Como el bandó inferior es más ancho, una o dos tablas de la parte inferior de las piezas irán abiertas tanto como sea necesario para hacer coincidir el ancho del borde inferior con el ancho del bandó inferior.

Armado de las cuatro piezas de los bandó

Frente superior: tomamos una pieza con las rayas horizontales y una pieza con las rayas verticales y las unimos con una costura en uno de sus lados mayores. Lo mismo realizamos con las cuatro piezas.

Damos vuelta al derecho y asentamos esta costura con plancha. Luego en los dos bordes libres de cada pieza, marcamos un pequeño doblez simple y asentamos con plancha.

Es importante que al hacer este doblez, las dos piezas nos queden a la misma altura lo más exacto posible.

Esto mismo realizaremos con las cuatro partes que formarán el bandó de arriba y de abajo (figura 4).

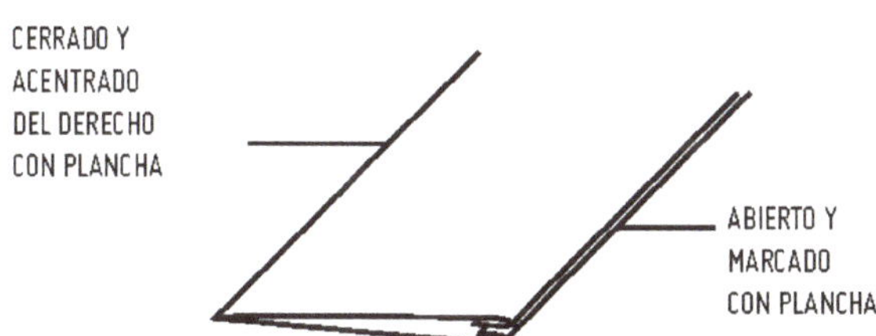

Fig. 4

A cada pieza, delantera y trasera, en las cuales ya hemos marcado los tablones, las presentamos introduciéndolas entre las dos piezas que conforman los bandó superior e inferior conforme indica la figura cinco.

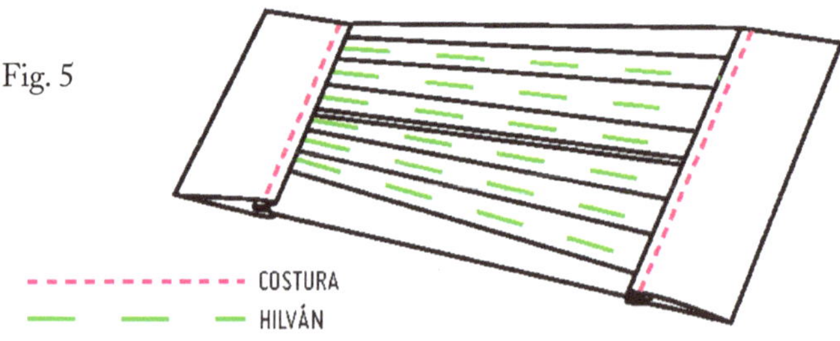

Fig. 5

Recordemos que los tablones en la parte inferior se irán abriendo tanto como sea necesario hasta alcanzar el ancho del bandó inferior.

Hasta este punto los tablones continúan con el hilván, sólo desatamos lo que sea necesario para abrirlos en la parte inferior y los más cercanos a los laterales, dejando el tablón central con la misma profundidad que arriba.

Pasamos una costura uniendo los bandó con la pieza tableada. Esto lo hacemos de la misma manera tanto en el delantero como en el trasero.

Superponiendo las dos piezas con sus derechos encontrados, cerramos con una costura el primer lateral. Luego, el segundo lateral, lo cerramos del mismo modo pero sólo hasta el comienzo del bandó superior, a partir de donde colocaremos un cierre.

Para los breteles, cortamos dos tiras de aproximadamente 5 cm de ancho por el largo necesario según las medidas realizadas. Doblamos en dos en su largo y cerramos con una costura a 5 mm del borde incluyendo uno de los extremos. Damos vuelta la pieza ayudándonos con una aguja de tejer y asentamos con plancha.

Probamos la prenda y marcamos los puntos donde colocaremos los breteles. Descosemos cuidadosamente en los puntos marcados lo necesario para introducir el bretel y pasamos una pequeña costura para cerrar y sujetar los breteles.